Acque scure

Acque scure mi abbracciano

sotto il manto stellato

coprono e si mischiano a gocce

di lacrime ancor più salate

Vorrei affondare

in quell'abisso liquido

scomparire nel buio

e con esso mescolarmi

a onde di tenebre

svanendo insieme

nel rincorrersi infinito
sotto un infinito cielo

Ad un attimo dal cielo

Voglio accorciare la distanza che ci separa,
volgo lo sguardo al cielo
non ci sono strade da percorrere, spazio o tempo
...
guardiamo le stesse stelle
la luna è là ... nel medesimo istante
che i tuoi occhi la osservano
seguiamo l'identica direzione
e vedo ciò che vedi tu
e ti sento accanto
complice di questo incanto

mentre nell'infinito mi perdo
e so che tu farai lo stesso
Ascolto il tuo pensiero
che in parole si traduce
mentre intanto la luce
rischiara l'orizzonte
e nasce un nuovo giorno e insieme, noi,
distanti ma vicini
ad un attimo dal cielo

ALBEGGIA

Albeggia... schiarendo ombre

, torna al cielo luce che la notte sottrae,

tenebre svaniscono come incubi, rendendo chiari i sogni

.Speranze rinascono come il sole

che lentamente riprende il suo posto

, illuminando di brevi, diafani raggi,

lo specchio celeste .

..Adesso che è luce

ritrovo la pace
e posso donare al mio corpo riposo

Angelo

Ti strapperò le ali angelo, così cadrai sulla terra, e coglierò la tua anima per mescolarla alla mia
Quanto ancora dovrò aspettare per vederti, quanto tempo mi separa da un sogno.
Ma se niente ci sarà dopo la vita, sarò felice di annullarmi con te
e se oscurità mi aspetta, sarò felice di attraversare le tenebre
perché voglio essere dove tu sei, buio o luce
perché c'è più luce dove sei tu che qui nel mio cuore.

Angeli.

Forte soffio di vento

, matassa di nubi dipana.

 Scorgo di un ciel la trama

che organza di cirri ricama.

 Affondo nel blu lo sguardo

a cercar di angeli che osservano,

nell'eterno infinito, la vita che appar così lontana,

 miseria umana che non tocca le corde
dei loro paradisiaci strumenti.

Danza

Danzan le note ad avvolgermi come velo
mentre leggiadri volteggian passi
che librare come angelo quasi potrei
mentre mente libera il corpo vibrante
leggero movenze aggraziate propone
e son fata, dea, luce e ombra, sesso e poesia
terra e vento, carne e anima
poi tornando al silenzio la musica cessando
riascolto il rumore di pensieri
a riempire di nuovo la testa
    e il mondo riappare
.   cancellando il mio

DICEMBRE

Come corre dicembre
fra luci per strada
e buio in fondo al cuore
Passano i giorni frenetici
a cercare un regalo ed un pò d'amore
ogni anno è Natale
sempre meno lieto
combattendo una guerra personale
con l'animo affannato
e il sorriso quieto
Aspetti che scorra il tempo
e poi lo rivuoi indietro
vivi di futuro e rimpiangi il passato
il presente è ingannevole ,sfugge...
come un giorno di festa
che tutto l'anno hai rincorso
e quando arriva è già trascorso

PASSA IN FRETTA LA VITA

Sono andata a letto che ero una bambina
mi son destata un'adolescente
sono uscita percorrendo la mia strada
e mi sono ritrovata adulta
mi sono fermata a riposare ed ero già
una donna matura
adesso torno a casa che sono invecchiata

La vita passa in fretta e non te ne accorgi
solo ieri ero piena di sogni
adesso nella mia vita solo incubi
e la paura di assopirmi
e non riuscire più a svegliarmi

L'età più bella

Piccoli pugni stretti

occhi che annegano nel pianto

bocche che chiedono

è forse questa l'età più bella?

Fragili e insicuri

gocce che diventano oceani

e soffi …uragani

e forse questa la spensieratezza?

No, non ti invidio tempo acerbo

verde età dell'innocenza

dove ogni sasso è monte

e ogni passo fatica

un distacco abbandono

e una parola ferita

Costano le cristalline risate

per un piccolo premio

Siete voi mondi incompiuti

persi in spazi indefiniti

sofferti vissuti

che incideranno il passato

in un tempo che verrà.

GIORNI

come passano in fretta i giorni, come sono lente le ore!
La vita scivola via, mentre aspetti che scorrano interminabili i minuti...

Lascia che...

Lascia che i miei occhi
catturino i tuoi per un breve istante
saprò che il mio viso,
ha sostato nel tuo sguardo
 anche se solo per un attimo
Pronuncia piano il mio nome
così che capirò
che sai riconoscermi in mezzo a tanta gente
 che il mio ricordo ha camminato nel tuo cuore
 lasciando una piccola impronta
negli infiniti pensieri della tua mente...

Malinconia

Come manto che copre
mi soffoca ,mi schiaccia
Ali nere che non sanno volare
ma affondano
Viaggio al di là di prati verdi
in distese di soffocanti deserti
la sabbia riempie i polmoni
respirare non posso
solo sospiri lenti
al ritmo di un cuore che corre

MORFEO

Morfeo, tua non sarò
sfuggo il buio che adombra la mia mente
non mi abbandonerò

 fra braccia conosciute ma misteriose
nelle quali ogni notte mi accogli
stringendomi a volte a soffocarmi
... cullandomi, altre , a confortarmi
... Ti temo perchè mi rendi impotente
a sogni che non so dominare
uccidi le mie forze e mi prendi
restituendomi al mattino
al chiaror di un nuovo giorno
che temo più di te...

NOVEMBRE

mese di lacrime e pioggia
romantico e malinconico
sei

mi piace la tua evanescenza
quella tristezza celata
in giorni brevi
e mattini stellati
Pallido sei
vigilia di mesi di festa
negata è la tua bellezza
che nascondi in nebbie
e in tramonti accesi

<

IRRAGGIUNGIBILE

Il mare ha preso posto nei tuoi occhi

lasciando del suo azzurro le tracce

sorriso di un mattino d'estate

dolce brezza che da brividi

la tua voce

un incanto che ferma il respiro

sei tu…

nel pensiero che sussurra

nel sogno che di notte mi cerca

nel desiderio che si insinua

nelle pieghe del cuore

nelle vene dove scorri

insieme al sangue

melodia sei …

Dolce magia …

lenta agonia

di amore che uccide

di emozione che vive

sei tu…

Ti vorrei…di giorno, di notte…

impossibile rimani

irraggiungibile …come l'orizzonte.

Occhi di cielo

E sorridi, con le tue labbra dolci

a illuminar i miei pensieri oscuri

Musica è la tua voce

sono note le tue parole

culla i miei sonni

e nei miei sogni vivi…

Ti aspetto li

dove si celan desii

e di amore, affamato,
il mio cuor di te si nutre.

L'odore del vento

L'odore del vento lo sento

Gabbiani impazziti

Rompono silenzi infiniti

Affacciata alla finestra del mio mondo

Immersa in soffuse ombre, sola

Mente da pensieri invasa vola

Luci pallide di lampioni

Illuminano appena tristi rioni

Strade percorse da estranei passanti

Trascinano vite come massi pesanti

Nel silenzio di una notte che tramonta
Crepuscolo nella mia vita riporta

Primavera

Sento nell'aria un profumo di fiori

tanta allegria e speranza nei cuori

odo di uccelli un canto vivace

e di farfalle il volo audace

api e mosconi un dolce ronzio

nell'anima ancor nascosto è un desio

che possa da letargo svegliar la mia vita

oh stagione ridente, stagione fiorita!

Sera

Ecco la sera…dipinge di scuro il cielo

ruba i colori al mondo

con braccia fredde lo avvolge

Il sole scompare,lasciando i suoi ultimi bagliori

sparisce oltre il mare

si immerge , si spegne

Guardo morire un altra giornata

e insieme un pò della mia vita.

Bella sei, notte!

Mi affascina il tuo silenzio

e l'odore fresco di vento e di mare

Luna, ti specchi in onde agitate

per raggiungere una spiaggia abbandonata

e toccarne la sabbia e i sassi immortali

Alba, ti attendo

i tuoi colori dipingeranno

come un pittore

un quadro ad acquarello nel cielo

Io sono sempre qui…ad attenderti

giorni , sere e poi notti…

Sogno inedito

Cullar la mia mente vorrei
come in un sogno
che all'alba saluta
il cuor mio
dove allietandomi rimasto
è...fra le pieghe dei pensieri
colori affievoliti e voci soavi
girandole di arcobaleni
dentro un sogno tu vivi
insieme a gente passata
che ritrovo di notte
quando nel sonno abbracciata
l'anima mia si spoglia
di corpo e ragione
e con ali di fantasia vola...

sono stanca

Sono stanca di aver paura di sbagliare

di temere di annegare in frasi e parole

in giudizi, critiche e gratuite maldicenze

di non essere apprezzata, di essere giudicata

Sono stanca di sopportare

di non aver la forza di reagire

di mandare tutti a farsi benedire

Di annuire ed accettare

di prostrarsi e ubbidire

 con questa apatia che invade l'anima

stanca di essere sempre me stessa...

Stelle di un mattino d'autunno

Mi incanto a rimirar le stelle

in un mattino d'autunno

lontano…cinguettii a salutar

il giorno

che rinasce eternamente

Sorge il sole ad oriente

dipingendo il cielo

con i suoi raggi intrisi

nell'arcobaleno

Uomo

Forte e fragile
uomo e bambino
nascondi le tue emozioni
dentro un pugno sferrato
contro un muro di pregiudizi.
Perché non piangi?
Le tue lacrime sono più preziose delle mie
perché sono rare e vere.

LETTERA A DIO SENZA IPOCRISIA

Siamo soli...
piccole creature che rincorrono attimi
che cos'è il tempo
per chi possiede l'eternità
cosa significa impotenza
per chi ha l'onnipotenza
A tua immagine siamo creati
ma umanamente sbagliati
a cosa serve pregare
se parole a volte inutili e vane
tu non accogli...
Perchè vivere dolorosamente
per una vita eterna
che non è il presente
Tu che tutto puoi e a volte non fai niente
Che perdoni
ma che ci fai sentire in colpa
e il tuo giudizio temere
come adesso che ti parlo con un tono severo
ma con infinito amore sincero
come a un padre che la vita ci ha donato
per poi decidere in qualsiasi momento
di riprendersi ciò che ci ha dato.

VIGILIA DI NATALE

Cammina la donna , con la pelliccia bianca

non ha freddo ma dentro lei c'è il gelo

vede un fanciullo all'angolo della strada

coperto di stracci e di sporcizia

ha il viso che sorride mentre tende la mano

vuota, scarna , scura

occhi che hanno visto la vita

quella vera

Corre la donna sui suoi tacchi a spillo

teme che la segua il fanciullo

sente dei passi dietro lei, si volta

solo il nulla , ha paura…

Torna indietro e vede il bambino

tende la mano ma è piena adesso

le porge qualcosa è un foglietto

apre quel foglio legge la frase

è una preghiera …

Ti amo , dice, anche se mi odi

ti apprezzo ,anche se mi escludi

non voglio niente da te solo un sorriso…

La donna lo guarda, apre la borsa

prende il denaro , lo tende al ragazzo, sussurra:

Un sorriso è troppo per te

prendi i miei soldi…sfamati e fuggi da me

Non voglio il denaro, dice il bambino:

non so che farmene di carità

quel che desideravo era il tuo rispetto

un gesto gentile e d'affetto

non sai donarlo non costa nulla

La donna si volta, cammina spedita

apre una porta ed entra in Chiesa

vede il presepe osserva i pastori

nella capanna Gesù nella mangiatoia

ha il volto del ragazzo della strada

e accanto fra la paglia e il muschio... quelle monete

il valore che la donna ha dato

al suo Natale...

ACCANTO A Me...

Vivi accanto a me
sei me stessa
buia e senza sorriso
ti vedo quando c'è luce
ma senza luce sei
Stai alla mia destra
mi segui ovunque
anche se le tenebre ti avvolgono
fatte come te di oscurità
Sei l'altra me
la parte mia oscura
il riflesso della mia anima
Sei tu...mia amica indissolubile
 sempre accanto a me
 ed io come te..ombra.

L'ultima sigaretta

Ecco, ti ho spenta
schiacciata, distrutta, sbriciolata
è l'ultima... per ora
resisterò al tuo richiamo?
E mi sento come te, usata, dannosa, utile ma inutile
pericolosa
attiri, ti fai desiderare, senza di te non ci so stare
e mi avvolgi in una spirale di grigio fumo
annebbi i miei pensieri
mi illudi di calmare il mio angosciar
la mia frenesia in un risucchio di veleno
tu mi consoli, tu mi avvilisci e mi schiavizzi
costi, mi costi, ti cerco, ti voglio
basta, adesso è finita, ti odio, ti amo
adesso ho capito
devo ancora riprenderti, accenderti, distruggerti
distruggermi... un 'ultima volta ancora... e ancora l'ultima

Lettera ad un amore mai nato

Ho voglia di scriverti stanotte,

perché ti sento accanto seppur lontano
come stai, riesci a sentirmi, a capirmi?
Io no, non mi comprendo
ho visto e rivisto le tue immagini,

voglio che ogni cosa di te rimanga nei miei occhi
voglio assorbirti come un foglio di carta l'inchiostro
voglio berti affinché in me rimanga il tuo sapore
voglio impregnarmi del tuo profumo sconosciuto
e della tua voce riempirmi la testa
come mai sei così, così eterno, incancellabile, infinito
sei senza tempo e io di tempo ne ho troppo
sei nella mia mente e nel mio cuore
davanti a me non gente sconosciuta ma solo tu
voglio ubriacarmi di te per non pensarti
e stordirmi nel sonno che è popolato da sogni
irrealizzati, irrealizzabili, impossibili, e cerco un'altra occasione
per noi, in un'altra vita o in un'altra dimensione.

Sogno

Stamani ho aperto gli occhi e il sogno è svanito
ho cercato di riaddormentarmi per riacchiapparlo
ho cercato di acchiapparlo per farlo durare ancora
oltre il velo del sonno, nella veglia del giorno
è rimasto dentro me incosciente e vano
cercando con la mente di riviverlo invano
spero di rivederti ancora sogno svanito.

di incontrarti oltre il tempo, all'infinito.

ottobre

Or l'aria frizzante,

mantiene desta la mente
non faticano le membra

a camminar in salita

Passa il tempo

avanza la vita
attende d'ottobre periodo
e di foglie scricchiolar

il suono odo

e di castagne l'odore

e la giovinezza muore

Sola...

Sola su una panchina
bagnata da gocce di pioggia e di noia
aspetto un treno che arriverà
portandomi ovunque dovrò
ma mai dove vorrei essere...

Maturità di donna

Mi ritrovo a questo punto
con i segni che ha lasciato il tempo
graffiando con le sue unghia il viso
scolpendo i tanti pianti e qualche sorriso
lasciando tracce indelebili
che sul cuor sono invisibili ma che sento...
Tu che ne sai di me
che vedi solo un volto stropicciato
la ruga profonda
il passo lento
e un corpo appesantito?
E' la mia storia
è il mio vissuto
questa sono io adesso
la gioventù il passo ha ceduto
e se tu mi vedi vecchia
lo sono già da tempo
è il cuor che invecchia presto
se ama non riamato...

www.ingramcontent.com/pod-product-compliance
Lightning Source LLC
Chambersburg PA
CBHW021922040426
42448CB00007B/875